CONGRÈS INTERNATIONAL

DES MINES ET DE LA MÉTALLURGIE

SUR L'EMPLOI

DES

EXPLOSIFS

DANS LES

MINES A GRISOU

PAR

M. MALLARD

Inspecteur général au Corps des Mines,
Professeur de minéralogie à l'Ecole des Mines.

Rapport présenté sur la demande du Comité d'organisation.

Extrait du *Bulletin de la Société de l'Industrie minérale.* — Deuxième série.
— Tome III. — 3me livraison, 1889.

SAINT-ETIENNE

IMPRIMERIE THÉOLIER ET Cie

Rue Gérentet, 12.

—

1889

SUR L'EMPLOI

DES

EXPLOSIFS

DANS LES

MINES A GRISOU

PAR

M. MALLARD

INSPECTEUR GÉNÉRAL AU CORPS DES MINES,
PROFESSEUR DE MINÉRALOGIE A L'ÉCOLE DES MINES

RAPPORT PRÉSENTÉ SUR LA DEMANDE DU COMITÉ D'ORGANISATION

Extrait du *Bulletin de la Société de l'Industrie minerale*. — Deuxième série
— Tome III. — 3me livraison, 1889.

SAINT-ÉTIENNE

IMPRIMERIE THÉOLIER ET Cie
Rue Gérentet, 12

1889

L'EMPLOI DES EXPLOSIFS

Dans les Mines à Grisou

L'emploi des explosifs est, dans les mines à grisou, une cause de danger des plus graves. Pendant les six années qui se sont écoulées de 1881 à 1887, la statistique enregistre, en effet, les nombres suivants :

	Nombre	Victimes tuées	Victimes blessées
Accidents causés par l'emploi des lampes..............	59	34	81
Coups de mine	36	194	92
Total..........	95	228	178

On voit que, parmi les accidents causés par le grisou, ceux qui ont le tirage des coups de mine pour cause déterminante sont ceux qui font le plus grand nombre de victimes, s'ils ne sont pas les plus nombreux. C'est, en effet, les coups de mine qui produisent le plus souvent ces grandes catastrophes bouleversant une mine de fond en comble et faisant une victime de chaque ouvrier. La raison en est simple ; un coup de mine produit dans toute la partie de la mine avoisinante un ébranlement assez intense pour mêler à l'air des galeries les petites quantités de grisou accumulées dans les poches du toit, et pour mettre en suspension la poussière de houille qui jonche le sol. Si le coup met le feu au grisou, les flammes produites s'étendent donc plus loin que cela aurait eu lieu si le grisou avait été enflammé, par une lampe par exemple, dans une atmosphère calme. Les chances pour que l'inflammation du grisou se propage de proche en proche et détermine une catastrophe sont donc ainsi considérablement augmentées.

Il importe donc au plus haut point de remédier à une cause d'accidents aussi redoutables. On peut y parvenir d'une façon radicale en supprimant l'emploi des explosifs dans les mines à grisou. Cette suppression est possible lorsqu'il ne s'agit que de l'abatage de la houille, et dans certaines exploitations importantes, cet abatage est maintenant fait exclusivement au pic, ou, lorsque cela est nécessaire, par des procédés mécaniques. Mais ces procédés exigent un matériel coûteux que toutes les mines ne peuvent pas se procurer; d'ailleurs ils sont pratiquement inapplicables aux travaux au rocher nécessités par l'élargissement des galeries, ou par le percement des galeries à travers-bancs.

L'emploi des explosifs ne pouvant pas être supprimé complètement et même ne pouvant être restreint qu'au prix de sacrifices coûteux, il y a donc un grand intérêt à rendre cet emploi inoffensif, ou au moins à en diminuer considérablement les dangers, dans les mines à grisou.

Dangers causés par l'emploi de la poudre noire. — On sait depuis longtemps que les coups de mine tirés à la poudre noire peuvent allumer le grisou. Des recherches de la Commission prussienne du grisou (1) ont montré qu'une charge de 155 gr. de poudre noire bourrée, dans un trou de mine de 0m 50 de profondeur creusé horizontalement au milieu d'un bloc de grès de 1 m. de longueur, 0m 80 de largeur et 0m 60 d'épaisseur, peut, en détonant et brisant le bloc, enflammer un mélange d'air et de grisou.

L'inflammation du gaz est encore plus certaine quand le coup de mine, au lieu de travailler en brisant la roche, débourre en faisant canon. On a essayé de parer à ce danger, particulièrement grave, des coups débourrants en faisant un bourrage à l'eau. On supposait que cette eau serait capable d'éteindre les flammes de la poudre. Toutes les expériences ont constaté que le bourrage à l'eau est inefficace. Il suffira de mentionner les suivantes :

La Commission autrichienne (2) a observé qu'une charge de 150 gr. de poudre noire comprimée, mise au fond d'un trou de mine percé dans un bloc d'acier, et bourrée par 600mm de sable humide, a, en débourrant, enflammé un mélange explosif d'air et de grisou.

La Commission prussienne (3) a placé dans un bloc de grès une charge de 115 gr. de poudre bourrée par de l'argile ; la détonation a brisé le bloc et enflammé le mélange grisouteux ambiant.

La Commission des substances explosives (4) a placé 30 gr. de poudre au milieu d'un sac en papier imperméable rempli d'eau (Cartouche Settle) ; la détonation de

(1) *Anlagen zur Hauptberichte der Preussischen Schlagwetter-Commission* B. IV — p. 67. (1886).

(2) *Oesterreichische Zeitschrift für Berg und Hüttenwesen.* 1889 — p. 173 (13 avril)

(3) *Anlagen Zur Hauptberichte der Preussischen Schlagwetter-Commission* — B. IV p. 67 (1886).

(4) Rapport de la Commission (*Annales des Mines*, 8e S. T. XIV. — P. 227 (1888).

cette faible charge a enflammé le mélange grisouteux ambiant.

Aucun procédé ne parait donc susceptible de parer aux dangers auxquels l'emploi de la poudre noire expose les mines à grisou.

Recherches de la Commission anglaise du Grisou. — La Commission anglaise du grisou, qui comptait parmi ses membres l'éminent sir F. Abel, eut l'idée d'expérimenter, au lieu de la poudre noire, des explosifs brisants tels que la dynamite, ou le fulmicoton. Il constata que ces explosifs sont moins dangereux dans le grisou que l'est la poudre noire. C'est ainsi qu'une charge d'un de ces explosifs, placée au fond d'un trou de mine et bourrée avec des cylindres remplis d'eau, n'enflamma pas des mélanges d'air et de grisou rendus inflammables par l'addition de poussière de houille, tandis que, dans des conditions identiques, la poudre noire produisait l'inflammation.

La sécurité procurée par les nouveaux explosifs est cependant loin d'être absolue, car une charge de 93 gr. de dynamite, placée au fond d'un trou de mine de 0m60, et bourrée avec 0m15 à 0m16 de sable, alluma, en débourrant, un mélange détonant d'air et de grisou.

Première série de recherches de la Commission prussienne du grisou. — La Commission prussienne du grisou, presque en même temps que la Commission anglaise, poursuivait des expériences très nombreuses sur le même sujet. Après diverses communications partielles faites dans des journaux techniques, les résultats de ces expériences furent publiés en 1886 (1). Les conclusions formulées alors par la Commission étaient textuellement les suivantes :

(1) *Anlagen zur Haupt-Berichte der Preussichen Schlagwetter Commission.* B. VI. p. 63-78.

« Les explosifs brisants, tels que la nitro-glycérine, le
« coton-poudre, les explosifs gélatinés dérivés de ces
« deux substances, la kinétite et la helloffite, amenés à
« une détonation complète par une amorce suffisam-
« ment énergique n'enflamment ni la poussière de
« houille, ni le grisou...

« La sécurité est diminuée quand, à ces explosifs bri-
« sants, une poussière est mélangée, soit inflammable,
« soit inerte.

« L'effet utile et la sécurité de la helloffite sont cepen-
« dant très-peu influencés par un semblable mélange,
« car les cartouches fabriquées en imbibant le liquide
« dans la guhr sont encore parfaitement sûres. Il en est
« de même du mélange de poussière inflammable à la
« dynamite-gomme, tant que ce mélange ne dépasse pas
« 35 p. %, comme cela a lieu pour la dynamite gélatine I
« qui n'a jamais allumé des mélanges gazeux tenant 8 à
« 10 p. % de grisou; avec 75 p. % de poussière mélangée
« au contraire (dynamite gélatine III), la limite d'in-
« flammabilité descend au dessous de 6 p. % de grisou.

« La sécurité est encore plus affaiblie par le mélange
« d'une poussière neutre ou non inflammable à la nitro-
« glycérine; la dynamite à la guhr enflamme un mélange
« gazeux tenant 4,5 p. % de grisou seulement, et même
« des mélanges moins riches encore en gaz quand de la
« poussière de houille inflammable est mise en suspen-
« sion dans l'atmosphère. »

Des conclusions aussi nettes, que devaient d'ailleurs
démentir les expériences ultérieures, même celles qui
furent publiées par la Commission prussienne poursui-
vant ses recherches, attirèrent vivement l'attention des
mineurs. Le ministre des travaux publics nomma, le
12 février 1887, une Commission (1) chargée de l'étude

(1) Cette Commission est composée de MM. Haton de la Goupillière,

des questions se rattachant à l'usage des explosifs dans les mines à grisou.

Dès ses premières séances, cette Commission jugea nécessaire de reprendre les expériences des Commissions anglaise et prussienne. Sur son initiative et après une entente entre les ministres de la guerre et des travaux publics, il fut décidé que la Commission des Substances explosives, instituée près du ministère de la guerre et qui possède d'importantes ressources expérimentales, serait chargée de cette étude. A cette Commission, qui a pour président M. Berthelot, pour vice-président, M. Sarrau, et pour secrétaire M. Vieille, MM. Mallard, Aguillon et Le Chatelier, furent, à cet effet, adjoints temporairement.

La Commission des substances explosives a publié les résultats de ses recherches dans deux rapports en dates des 5 juillet et 8 novembre 1888, qui ont été publiés dans les Annales des mines (8° s., t. XIV, p. 197 et suivantes) et distribués à un grand nombre d'exemplaires aux exploitants de mines. Dans ces rapports sont formulées diverses conclusions théoriques, appuyées sur de nombreuses recherches expérimentales, et qui sont importantes pour le sujet qui nous occupe. Nous allons les faire connaître sommairement sans insister sur les expériences sur lesquelles elles s'appuient, et pour le détail desquelles nous renverrons aux rapports eux-mêmes.

inspecteur général des mines, président; Sarrau, ingénieur en chef des poudres et salpêtres; Mallard et Lorieux, inspecteurs généraux des mines; Ledoux et Aguillon, ingénieurs en chef des mines; Le Chatelier, ingénieur des mines, secrétaire.

CHAPITRE I

Recherches théoriques de la Commission des Substances explosives sur les conditions d'emploi des substances explosives dans les mines à grisou.

On sait quelle est la différence essentielle qui sépare en deux groupes profondément distincts les substances explosives telles que la poudre noire et celles auxquelles on donne le nom de brisantes, telles que la nitro-glycérine, le fulmi-coton, etc.

Les deux classes de substances sont susceptibles dans un temps très court, sous l'influence d'une cause étrangère relativement peu importante, soit thermique, soit mécanique, de rendre libre une quantité considérable de chaleur. Mais pour la poudre noire, cette chaleur est mise en liberté par la production d'une réaction chimique qui se transmet de proche en proche avec une vitesse ne dépassant pas quelques mètres à la seconde.

Avec les explosifs brisants, au contraire, la réaction, toujours excitée par une cause mécanique extrêmement violente, se propage dans la masse explosive avec une vitesse supérieure à celle des ondes sonores elles-mêmes et qui atteint et dépasse 5.000 mètres à la seconde. C'est à cette propagation spéciale qu'on donne le nom *d'onde explosive*.

On se fera une idée de l'extraordinaire rapidité de cette propagation si l'on considère qu'une cartouche de 1 décim. de longueur détone complètement dans un espace de temps qui ne dépasse pas la cinq millième partie d'une seconde. Il en résulte que la détonation est complète avant qu'aucun phénomène physique, tel que la dilatation gazeuse, ait le temps de se produire d'une façon appréciable. La détonation, c'est-à-dire la décomposition chimique de l'explosif ayant pour résultat de transformer en gaz tout ou partie de la substance explosive et de porter ces gaz à une température extrêmement élevée, l'espace occupé par une cartouche, de dynamite par exemple, se trouve, après la détonation, rempli par une masse gazeuse portée à une température de près de 3,000°, et dont le volume à 0° et sous la pression atmosphérique serait plus de 800 fois supérieur. La pression exercée par cette masse gazeuse sur tout l'espace environnant est donc énorme et peut être évaluée à plusieurs dizaines de mille atmosphères. On s'explique ainsi les effets mécaniques si prodigieusement intenses, que subissent les corps sur lesquels l'explosif est simplement posé.

De semblables effets ne se produisent pas avec la poudre noire déflagrant à l'air libre, parce que, à cause de la faible vitesse avec laquelle la déflagration se propage, les gaz produits ont le temps de se dilater graduellement et ne se trouvent, à aucun moment, soumis à une pression considérable.

Pour distinguer les deux classes, si profondément dissemblables, de substances susceptibles de détoner, nous conviendrons d'appeler *déflagrantes* les substances détonant à la manière de la poudre noire, en réservant la qualification d'*explosives* aux substances susceptibles d'être parcourues par l'onde explosive.

Il faut ajouter que les substances explosives sont, en général, susceptibles de déflagrer, c'est-à-dire de brûler à la manière de la poudre noire, lorsqu'on porte un des points de leur masse à une température suffisamment élevée. Cette déflagration peut d'ailleurs se transformer subitement en détonation avec onde explosive. Pour certains explosifs tels que le fulminate de mercure, cette transformation est même presque immédiate, et l'onde explosive se produit, sans déflagration initiale appréciable, sous l'influence de la chaleur. C'est ce qui fait que le fulminate et les substances analogues sont employés comme *détonateurs*. La chaleur produit en effet aisément leur détonation, et cette détonation exerce un choc assez violent pour produire la détonation d'une substance explosive que l'application de la chaleur simple ferait simplement déflagrer.

Retard des mélanges grisouteux à l'inflammation. — Pour expliquer les phénomènes dissemblables que produisent les deux classes de substances détonantes en présence des mélanges d'air et de grisou, il faut faire intervenir une propriété de ces mélanges qui a été signalée par MM. Mallard et Le Châtelier (1) au cours de leurs recherches entreprises sous le patronage de la Commission française du grisou.

Les mélanges inflammables d'hydrogène et d'air ou d'oxyde de carbone et d'air portés subitement à une température que l'on peut appeler la *température d'inflammation*, et qui, d'après les recherches expérimentales de MM. Mallard et Le Chatelier, peut être fixée à 555°

(1) *Recherches expérimentales et théoriques sur la combustion des mélanges gazeux explosifs.* — *Annales des Mines.* — 8 S. IV — p. **274**, et suiv. (1883).

pour le premier mélange, à 655° pour le second, s'enflamment immédiatement.

Lorsqu'on porte un mélange de grisou (formène) et d'air à la température de 650°, il s'enflamme aussi, mais seulement au bout d'un temps assez long qui peut atteindre une dizaine de secondes environ. La durée de ce retard à l'inflammation diminue d'ailleurs naturellement à mesure que la température à laquelle est porté le mélange gazeux dépasse de plus en plus celle de 650°.

Effets de la déflagration de la poudre noire au milieu d'une atmosphère grisouteuse. — Ces principes établis, supposons qu'une cartouche de poudre noire soit amenée à la déflagration au milieu d'un mélange d'air et de grisou. Les gaz, à une haute température, viennent se mêler graduellement au gaz extérieur; ils ne se refroidissent guère que par ce mélange même, car ils ne se produisent que sous une faible pression et ne peuvent se refroidir par la dilatation mécanique. Comme d'ailleurs la température des gaz produits par la poudre est considérablement supérieure à 650°, l'inflammation du mélange grisouteux se produira infailliblement, exactement comme elle aurait lieu par le contact avec la flamme d'une allumette.

Si la poudre est bourrée et enflammée au fond d'un trou de mine, le débourrage du trou ou le sautage du rocher aura lieu pendant la déflagration de la charge, et une partie plus ou moins importante de celle-ci pourra brûler encore lorsque, par suite de l'un de ces deux effets, la flamme se trouvera directement en contact avec le mélange gazeux extérieur. Celui-ci pourra donc s'enflammer, sans que cependant cet effet puisse être considéré comme tout à fait certain.

On voit ainsi qu'avec la poudre noire, aucune sécurité ne peut être obtenue dans les mines à grisou, et l'expérience, on l'a vu, confirme cette conclusion.

Effets de la détonation d'un explosif brisant au milieu d'une atmosphère grisouteuse. Détonation à l'air libre.—Prenons au contraire un explosif brisant et faisons-le détoner librement, sans enveloppe, au milieu d'une atmosphère inflammable de grisou et d'air, si toutefois, ce qui n'aura pas toujours lieu, cette détonation est possible. Comme nous l'avons dit plus haut, les gaz se trouvent, après la détonation, occuper le volume même. de la cartouche sous une pression énorme et à une température très élevée. La détente se fait avec une extrême violence, entraînant un refroidissement des gaz, ainsi qu'un mélange d'une prodigieuse rapidité entre ceux-ci et l'atmosphère extérieure.

On comprend donc que, si la température à laquelle se produisent les gaz de l'explosif n'est pas trop élevée, il puisse arriver que le temps pendant lequel le mélange grisouteux, en contact avec ces gaz, sera porté au dessus de 650°, ne soit pas suffisant pour en amener l'inflammation.

On peut ainsi, en choisissant des explosifs brisants convenables, concevoir, ce qui était impossible à réaliser avec la poudre noire, l'espoir de produire des détonations au sein d'un mélange d'air et de grisou, sans en produire l'inflammation.

Il faut d'ailleurs remarquer que si le degré de sécurité dépend, en premier lieu, de la température de détonation de l'explosif, c'est-à-dire de la température à laquelle sont portés, au moment de la détonation, les gaz de l'explosif; l'expérience montre qu'il dépend aussi, d'une manière fort notable, de la masse même de ces gaz, c'est-à-dire du poids de la cartouche; l'inflammation du gaz extérieur étant plus facile et se produisant plus souvent lorsque ce poids est plus grand.

Pour comprendre ce dernier effet, il faut remarquer que le degré de sécurité dépend, toutes choses égales, du temps que les gaz de l'explosif mettent à passer de la température de détonation T à une température *t* inférieure à 650°. Cet abaissement de température est lui-même déterminé par la perte de chaleur que produit le mouvement communiqué aux molécules gazeuses, et par le mélange des gaz chauds avec le gaz froid.

Ne considérons que cette dernière cause de refroidissement. La rapidité avec laquelle les gaz chauds se diffusent dans le gaz froid ambiant dépend de la vitesse que prennent les premiers sous l'influence de la pression énorme qu'ils supportent après la détonation. Cette vitesse est sensiblement la même, pour un même explosif, quelle que soit la charge, puisque la pression reste la même. Mais, pour une petite charge, les gaz chauds n'auront besoin que de parcourir un espace relativement petit pour que la masse de l'air froid mélangée soit grande par rapport à celle des gaz chauds; on arrivera donc rapidement au moment où les gaz mélangés auront une température inférieure à 650°, et, à partir de ce moment, l'inflammation du grisou est devenue impossible. Le même phénomène ne se produira qu'au bout d'un temps plus long pour une charge plus forte, et les chances d'inflammation deviendront plus grandes.

Détonation, au milieu du grisou, de cartouches entourées d'une enveloppe massive. — Nous ne nous sommes occupés jusqu'ici que de la détonation d'une cartouche suspendue, sans enveloppe, au milieu d'un mélange d'air et de grisou. Les phénomènes seront autres si la cartouche est enveloppée d'une matière, solide ou liquide, ayant une certaine masse. La Commission des substances explosives a constaté qu'une cartouche de 50 gr. de dynamite (à 25 p. % de silice), qui, en détonant à l'air libre, allume infailliblement un mélange d'air et de grisou, ne l'allume plus lorsqu'elle est entourée d'une épaisseur de quelques centimètres d'argile.

La Commission a pensé que l'influence de l'enveloppe d'argile devait être attribuée à la quantité de chaleur que soustrait au gaz de l'explosif le travail employé à disloquer et projeter la masse argileuse. La température des gaz, lorsqu'ils arrivent au contact du mélange grisouteux, est ainsi diminuée, et l'inflammation de ce mélange devient impossible.

La Commission a étudié, avec l'attention qu'il méritait, ce phénomène remarquable, et s'est appliquée à démontrer l'exactitude de l'explication théorique qu'elle en proposait.

Comme il était difficile d'évaluer avec précision l'épaisseur de la couche d'argile dont on enveloppait la cartouche, on plaça celle-ci dans des tubes métalliques, fermés à une extrémité, et dont on pouvait faire varier la nature et les dimensions. Le fond de cette éprouvette était rempli de sable, on introduisait ensuite la cartouche, et on achevait de remplir avec du sable. Le tout était suspendu au milieu d'une chaudière, complètement close, remplie d'un mélange inflammable d'air et de grisou. La détonation de la capsule était provoquée au moyen d'un fil métallique porté au rouge par un courant électrique. On put ainsi constater qu'une cartouche de 50 gr. de dynamite enfermée dans un tube d'étain de 25 mill. de diamètre intérieur sur 31 mill. de diamètre extérieur, allume le grisou, tandis qu'une cartouche semblable enfermée dans un tube d'étain de 25 mill./40 mill. ne l'enflamme pas. L'influence de la masse métallique est ici manifeste.

Il était intéressant de constater et de mesurer dans chaque cas la quantité de chaleur perdue par les gaz de l'explosif pour désagréger et projeter les parois du tube. On y est arrivé simplement en convertissant la chaudière (de 10 m³ de capacité) dans laquelle se faisaient les expériences, en calorimètre à air. On faisait détoner une cartouche de dynamite de 50 gr. dans la chaudière close et remplie d'air à la température ambiante : les gaz chauds se mélangeaient à l'air de la chaudière, et la chaleur rendue libre par la détonation élevait la température du gaz intérieur de t à t'. Comme les gaz ne pouvaient se dilater, la pression intérieure augmentait et on mesurait, au moyen d'un manomètre à eau, cet excès de pression d'où l'on déduisait t'-t. Connaissant la masse d'air de la chaudière, t'-t donnait la quantité de chaleur Q rendue libre par la détonation. Cette quantité peut être d'ailleurs directement connue pour la dynamite, qui détone complètement à l'air libre, et le nombre donné par l'observation s'est trouvé conforme au nombre théorique.

Si l'on répète la même observation en enfermant la cartouche de dynamite dans un tube métallique, on ne trouve plus qu'une quantité de chaleur Q'. La différence Q' — Q est la quantité de chaleur perdue par les gaz de l'explosif et transformée au travail mécanique.

Avec une charge de 50 gr. de dynamite enfermée dans un tube de plomb de 30mm/35mm, on trouve.

$$\frac{Q' - Q}{Q} = 0,33.$$

Le mélange grisouteux est enflammé par la détonation.

Avec une charge de 50 gr. de dynamite enfermée dans un tube d'étain de 25/40, on trouve.

$$\frac{Q' - Q}{Q} = 0,37.$$

Le mélange grisouteux n'est plus enflammé.

Nous verrons tout à l'heure qu'on peut, lorsqu'on connaît la quantité de chaleur que dégage la détonation, calculer, d'une façon au moins approximative, la température des gaz produits. Nous pouvons donc calculer les températures que possèdent les gaz produits par la détonation de la dynamite lorsque, après avoir projeté les parois du tube qui les contient, ils viennent en contact avec le mélange grisouteux; on trouve ainsi :

Tube plomb 30/35 — $\dfrac{Q' - Q}{Q} = 0,33.$ Temp. des gaz 2280° environ

Tube étain 25/40 $\qquad$ 0,37. Temp. du gaz 2150° —

Il est donc permis de conclure de là que, *dans les conditions de l'expérience*, avec une charge de 50 gr. de dynamite, la température que doivent posséder les gaz de l'explosif pour enflammer le grisou, est comprise entre 2150° et 2280°, soit environ 2200°.

Il est bien entendu que ce nombre n'a rien d'absolu ; d'un côté, les données physiques qui servent à l'établir ne sont pas connues avec une grande précision; d'un autre côté, il varie, comme nous l'avons vu, avec la charge de l'explosif. Tout ce qu'on peut dire, c'est qu'avec une cartouche de 50 gr. détonant à l'air libre, lorsque la température des gaz que produit la détonation est supérieure à 2200° environ, ils allument toujours le grisou. L'inflammation n'a pas toujours lieu lorsque la température des gaz est inférieure à ce chiffre, et elle a d'autant moins de chances de se produire que la température s'en éloigne davantage.

Effet produit par des variations dans la densité de chargement. — La masse inerte que l'on impose aux gaz de l'explosif l'obligation de projeter, avant de venir en contact avec le gaz extérieur, n'est pas d'ailleurs la seule cause qui puisse modifier la température de ces gaz. Si la théorie qui a été exposée est exacte, le volume occupé par un poids donné d'explosif dans la masse solide qui

2

l'enveloppe, c'est-à-dire ce qu'on appelle la densité de chargement, doit avoir aussi une influence appréciable. Supposons, en effet, qu'au lieu de bourrer exactement la cartouche dans le tube métallique on laisse tout autour d'elle un espace libre très notable, égal, par exemple, au volume de la cartouche. Avant que la pression intérieure ne fasse voler le tube en éclats, les gaz que produit la détonation doivent se dilater et venir occuper un volume deux fois plus grand que celui qu'ils occupaient après la détonation; leur pression aura donc considérablement diminuée (1) puisqu'il n'y a pas eu de travail produit. Les parois du tube, étant sollicitées par une pression moindre, seront projetées avec une moindre vitesse, le travail produit sera moindre, et les gaz perdront une moins grande quantité de chaleur. La température des gaz ne diminuant pas d'ailleurs par leur dilatation dans l'intérieur du tube, puisque le travail que produit cette dilatation est nul, on voit que, finalement, cette température sera moins abaissée par la projection des parois du tube. Toutes les autres conditions restant les mêmes, l'inflammation du grisou sera donc plus facile lorsqu'au lieu de bourrer complètement la cartouche on laissera un vide autour de celle-ci.

Cette délicate conséquence de la théorie a été pleinement vérifiée. On prit un tube d'étain de 25/40 qui s'oppose, comme on l'a vu, à l'inflammation du grisou lorsque la dynamite y est exactement bourrée. On y introduisit un tube de verre très mince dont le diamètre extérieur était beaucoup moindre que le diamètre intérieur du tube métallique, on le remplit de dynamite et on bourra par dessus, en ayant soin de laisser vide

---

(1) Si, sous les pressions énormes qu'on a ici à considérer, les gaz suivaient la loi de Mariotte (ce qui n'est pas) la pression s'abaisserait exactement à la moitié de sa valeur.

l'espace compris entre le tube de verre et le tube métallique. Dans ces nouvelles conditions la détonation enflamma le mélange grisouteux.

Des expériences de détonation faites dans la chaudière transformée en calorimètre, montrèrent en effet que, dans ces conditions, on avait :

$$\frac{Q' - Q}{Q} = 0,21$$

seulement au lieu de 0.37. La température des gaz après la projection du tube devait être ainsi de 2500° au lieu de 2150°.

Cette expérience montre qu'il y a grand avantage au point de vue de la sécurité dans les mines à grisou, à bourrer exactement l'explosif dans le trou de mine.

Effets différents produits par les capsules simples et les capsules renforcées. — Nous citerons enfin, comme confirmant pleinement toutes les conclusions précédentes, les faits suivants qui ont longtemps paru inexplicables à la Commission. Les capsules de fulminate de mercure peuvent être simples ou renforcées. Les premières sont formées en versant du fulminate de mercure humide dans un petit tube de cuivre fermé à une extrémité. Dans les capsules renforcées, le fulminate encore humide est, en outre, comprimé et recouvert d'une sorte de petit couvercle en cuivre percé d'un trou central. Or, la détonation des capsules simples enflamme toujours le grisou, tandis que celle des capsules renforcées ne l'allume jamais. Cela tient évidemment à ce que la masse métallique des capsules renforcées est un peu plus grande et surtout à ce que, par suite de la compression, leur densité de chargement est plus considérable.

Mais on rend aisément inoffensives les capsules simples.

en les enveloppant à l'extérieur par les spires contiguës d'un mince fil de laiton; on augmente en effet ainsi, toutes choses restant identiques, la masse métallique que le fulminate doit projeter.

Formule permettant de calculer la température de détonation d'un explosif de composition connue. — Tout ce qui précède montre d'une manière très nette le rôle capital que joue, dans la question de la sécurité des explosifs en présence du grisou, la température des gaz que produit la détonation de ces explosifs. La recherche de cette température, a, jusqu'ici, peu occupé les savants. Dans l'industrie en effet, elle ne joue qu'un rôle tout à fait secondaire, et c'est à déterminer l'intensité de la puissance mécanique qu'on s'est surtout attaché.

La formule théorique qui donne la température de détonation t d'un explosif est facile à établir. Si C est la chaleur spécifique à volume constant, moyenne entre o^o et t^o, des produits de la détonation d'un certain poids de l'explosif; si Q en est la chaleur de décomposition, rendue libre par la détonation, on a

$$(1) \quad Ct = Q.$$

La plus grande partie des produits de la détonation sont gazeux. Or les chaleurs spécifiques des gaz sont connues aux températures ordinaires, mais transportées dans l'équation précédente elles donnent pour t des valeurs beaucoup trop élevées et reconnues inadmissibles.

Il n'en est plus de même lorsqu'on donne à C les valeurs proposées par MM. Mallard et Le Chatelier, à la suite des expériences faites sous le patronage de la Commission du grisou (1) et que sont venues confirmer dans

(1) *Recherches expérimentales et théoriques sur la combustion des mélanges gazeux explosifs.* — *Annales des Mines* 8 S. IV. 274 (1883).

leurs traits essentiels des recherches analogues dues à MM. Berthelot et Vieille.

Ces valeurs sont fonctions de la température et peuvent être mises sous la forme

$$C = a + bt.$$

Lorsqu'on les introduit dans l'équation (1), celle-ci devient du second degré en t, et peut être écrite

$$(2) \; At + Bt^2 = Q.$$

A et B peuvent être déduits des expériences de MM. Mallard et Le Chatelier; Q est connu par les recherches thermochimiques de MM. Berthelot, Sarrau et Vieille, dès qu'on connaît la composition de l'explosif et la manière dont il se décompose sous l'influence de l'onde explosive. L'équation (2) permet donc de calculer t.

Il importait d'ailleurs de vérifier l'exactitude des coefficients A et B de cette équation. Les nombreuses recherches de MM. Berthelot, Sarrau et Vieille sur la pression développée en vase clos par les explosifs a permis de faire facilement cette vérification. Les lois de Mariotte et de Gay-Lussac ne représentent plus correctement, pour de très fortes pressions, la relation qui lie le volume, la pression et la température d'une masse gazeuse. Il faut recourir à la loi plus générale de Clausius que l'on peut remplacer, avec une approximation suffisante, aux températures élevées que développe la détonation, par la loi dite du covolume et qui peut s'écrire

$$\frac{P}{p_0}\left(\frac{V}{v_0} - u\right) = \frac{273}{T}$$

P, V, T étant la pression, le volume et la température absolue d'une masse gazeuse qui, à 0° et sous la pression p_0, occupe le volume v_0. Le coefficient u, sensiblement le même pour tous les gaz, au moins pour tous ceux qu'on peut rencontrer parmi les produits de la détonation des explosifs, peut être pris égal à 0.001.

On déduit facilement de là que si un poids ω d'explosif, détone dans une éprouvette de volume V, et si l'on appelle Δ (densité de chargement) le rapport $\dfrac{V}{\omega}$, la pression P exercée par le gaz, après la détonation, sur les parois de l'éprouvette, sera donnée par l'expression

$$(3) \quad P = \frac{\dfrac{1.033 \, v_0 \, T}{273 \, \omega} \Delta}{1 - \dfrac{uv_0}{\omega} \Delta}$$

P étant exprimé en kilogrammes et p_0 étant supposé égal à 1 kil.

Or, grâce aux savants que nous avons si souvent cités MM. Berthelot, Sarrau et Vieille, on connaît, pour de nombreux explosifs, les valeurs expérimentales de P correspondant à diverses valeurs de Δ. On peut donc comparer ces valeurs expérimentales à celles qu'on obtient en portant dans (3) la valeur de T déduite de (2), et l'on constate que l'accord est satisfaisant. Cette concordance, très intéressante au point de vue de la physique des gaz, permet d'accorder confiance aux températures de détonation qu'on calcule en donnant aux chaleurs spécifiques gazeuses les expressions, croissant avec la température, déduites des expériences de MM. Mallard et Le Chatelier.

Le calcul, tel qu'il vient d'être exposé, donne pour les températures de détonation de quelques explosifs les nombres suivants :

Dynamite gomme.......................... 3220°
Dynamite (à 25 p. % de silice) .... 2900°
Fulmi-coton (coton endécanitrique)........... 2650°

On s'explique ainsi aisément que la détonation de l'une de ces trois substances, se produisant au milieu d'un mélange inflammable d'air et de grisou, enflamme inévitablement celui-ci, et que contrairement aux premières conclusions de la Commission prussienne, la dynamite-gomme est la plus dangereuse des trois. L'expérience a d'ailleurs pleinement confirmé cette conclusion, car une cartouche de 50 grammes de dynamite-gomme enfermée dans un tube d'étain de 25/40 enflamme le grisou, tandis que cet effet n'est pas obtenu, comme on l'a vu plus haut, avec une cartouche de dynamite enfermée dans un tube semblable.

Résumé. — Pour résumer ce qui précède, on peut dire que les expériences de la Commission des substances explosives ont confirmé et donné l'explication précise de ce fait. déjà établi par la Commission anglaise, que les explosifs, c'est-à-dire les substances susceptibles d'être parcourues par l'onde explosive, sont beaucoup moins dangereuses, dans les mines à grisou, que la poudre noire ; que la sécurité parfaite, impossible avec l'emploi de la poudre noire, est possible avec des explosifs convenablement choisis. La sécurité procurée par un explosif est d'autant plus grande que le travail qui lui est imposé, à poids égal, est plus grand. Cette sécurité est d'autant plus grande que l'explosif est mieux et plus complètement bourré dans le trou de mine ; elle est d'autant plus grande que la masse de l'explosif est moins considérable.

Toutes choses égales, la sécurité dépend surtout de la température de détonation de l'explosif. La Commission a donné des formules au moyen desquelles on peut calculer la température de détonation d'un explosif dont la composition et le mode de décomposition sous l'influence de l'onde explosive sont connues. Au moyen de ces formules on peut apprécier immédiatement le degré de sécurité d'un explosif donné. Il convient que, dans tous les cas, la température de détonation soit inférieure à 2200°; il convient qu'elle ne dépasse pas 1900°.

Nous allons maintenant passer en revue les divers explosifs proposés pour être employés dans les mines à grisou, et les expériences dont ils ont été l'objet.

CHAPITRE II

Classification et étude des divers explosifs

Toute substance qui, en se décomposant suivant un certain mode, dégage de la chaleur, peut être un explosif, si elle possède une aptitude convenable à la détonation, c'est-à-dire si la décomposition provoquée en un point par un choc violent est suffisamment apte à se propager sous la forme d'une onde explosive.

L'aptitude à la détonation n'a d'ailleurs rien d'absolu, car elle dépend de l'intensité du choc qui la met en œuvre et de l'état physique de la substance. Un explosif dont la détonation ne peut être provoquée par une capsule de fulminate, pourra détoner, si l'on interpose, entre la capsule et l'explosif, un autre explosif, tel que la dynamite, plus apte à la détonation. Telle substance qui sous l'influence d'une capsule de fulminate ne détone pas à l'état comprimé, détonera lorsqu'elle sera réduite en poudre.

EXPLOSIFS SIMPLES

Les explosifs simples peuvent être divisés en deux classes, suivant que leur décomposition donne naissance à des produits comburants ou à des produits combustibles. Dans la première classe, se trouvent :

1° La nitroglycérine

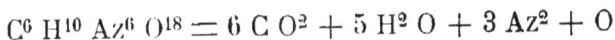

$$C^6 H^{10} Az^6 O^{18} = 6 C O^2 + 5 H^2 O + 3 Az^2 + O$$

2° La nitromannite

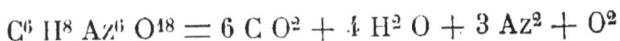

$$C^6 H^8 Az^6 O^{18} = 6 C O^2 + 4 H^2 O + 3 Az^2 + O^2$$

3° L'azotate d'ammoniaque

$$Az^2 H^4 O^3 = Az^2 + 2 H^2 O + O$$

4° Le chlorate de potasse

$$Cl^2 O^5 K^2 O = 2 K Cl + O^6$$

Le chlorate de potasse se décomposant spontanément et acquérant alors une grande facilité à détoner par le choc, est considéré comme trop dangereux pour pouvoir être employé dans les explosifs destinés aux mines.

Dans la seconde classe, le mode de décomposition que provoque la détonation n'est point connu avec certitude ; cette classe est d'ailleurs très nombreuse, nous citerons seulement :

1° Les cotons nitriques représentés par la formule générale.

$$C^{24} H^{40-n} Az^n O^{20+2n}$$

dans laquelle n varie de 11 (fulmi-coton) à 8 (collodion).

2° L'acide picrique

$$C^{12} H^6 Az^6 O^{14}$$

3° La binitrobenzine

$$C^6 H^4 Az^2 O^4$$

4° La chlorobinitrobenzine

$$C^6 H^3 Cl Az^2 O^4$$

5° L'azotate de cuivre ammoniacal

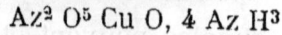

$$Az^2 O^5 Cu O, 4 Az H^3$$

6° Le picrate d'ammoniaque

$$C^6 H^6 Az^4 O$$

7° Le fulminate de mercure

$$C^4 Hg^2 Az^2 O^4.$$

La plupart de ces explosifs dégagent de l'oxyde de carbone par la détonation ; ils ne peuvent donc être employés directement dans les mines où il importe de ne pas produire un gaz aussi éminemment toxique.

La présence, dans les produits de la détonation, de gaz combustibles tels que l'hydrogène et l'oxyde de carbone, présente un autre danger qui a été signalé par la Commission. Elle a montré, en effet, que ces gaz, lorsqu'ils viennent, à une haute température, au contact de l'air, peuvent s'enflammer ; la chaleur ainsi produite ralentit naturellement le refroidissement des gaz et peut permettre l'inflammation du grisou.

EXPLOSIFS BINAIRES

Au lieu d'explosifs simples on peut se servir d'explosifs binaires ou en général multiples, formés du mélange de deux ou plusieurs substances. Pour que ce mélange soit explosif, c'est-à-dire puisse être parcouru par une onde explosive, il ne suffit pas que la réaction mutuelle des substances mélangées soit explosive, il est encore nécessaire que l'une au moins des substances mélangées le soit. C'est ainsi que le mélange soufre — azotate de potasse — charbon, qui est susceptible de se décomposer graduellement en rendant libre une quantité considérable de chaleur, n'est pas cependant explosif au sens que nous attachons à ce mot parce qu'aucun des éléments du mélange n'est explosif.

Il y a plus, la Commission a montré que lorsque la détonation a lieu, non pas en vase clos, mais à l'air libre, l'onde explosive traverse la cartouche en provoquant simplement la décomposition des substances explosives, et en laissant intactes les substances non explosives ; les substances, gazeuses ou non, qui résultent de la décomposition de chacun des explosifs mélangés ne réagissent pas les unes sur les autres. Si, par exemple, on mélange deux substances explosives, l'une se décomposant avec excès d'oxygène, l'autre se décomposant avec excès de gaz combustibles, ceux-ci ne seront pas brûlés par l'oxygène de la première ; le parcours de l'onde explosive et la projection des matières gazeuses sont des phénomènes trop rapides pour permettre en général la réaction mutuelle de deux substances même contiguës.

En vase clos, au contraire, les produits auxquels a donné naissance l'onde explosive restant d'autant plus longtemps en contact que le vase se brise avec plus de difficulté, il pourra arriver que ces produits réagissent mutuellement les uns sur les autres, et réagissent aussi sur les substances non explosives que renfermait le mélange.

Les réactions sont donc en général beaucoup plus complètes en vase clos qu'à l'air libre, et cela explique pourquoi certains mélanges explosifs qui ne produisent en détonant à l'air libre que des effets insignifiants, peuvent être, au contraire, très énergiques en détonant en vase clos.

On peut classer les mélanges explosifs binaires comme le montre le tableau suivant.

Premier groupe. — PRODUITS DE LA DÉTONATION
NE POUVANT RÉAGIR MUTUELLEMENT

1° Explosif comburant ou combustible et Non-Explosif,
indécomposable par la détonation.

2° Explosif comburant ou combustible et Non-Explosif
décomposable par la détonation,

3° Explosifs, tous les deux combustibles ou tous les
deux comburants.

Deuxième groupe. — PRODUITS DE LA DÉTONATION
POUVANT RÉAGIR MUTUELLEMENT

1° Explosif combustible. Non-Explosif comburant.
2° Explosif comburant. Non-Explosif combustible.
3° Explosif comburant. Explosif combustible.

Nous allons successivement passer en revue ces deux
groupes de mélanges explosifs binaires.

I — PRODUITS DE LA DÉTONATION POUVANT RÉAGIR MUTUELLEMENT

1° *Explosif comburant ou combustible et non explosif indécomposable.* — Pour l'emploi dans les mines et surtout
dans les mines à grisou, l'explosif doit être comburant,
et, comme l'azotate d'ammoniaque ne peut être employé
à cause de sa faible aptitude à la détonation, cet explosif
ne pourra être que de la nitroglycérine.

Le type des mélanges de cette classe est la dynamite,
composée de nitroglycérine et de silice. Cette dernière
substance a pour but d'absorber la nitroglycérine, et
d'éviter les inconvénients graves qui résultent de l'emploi
d'un explosif liquide.

Ce mélange a aussi pour résultat d'abaisser la température de détonation. C'est ainsi que, par le mélange de
25 p.% de silice (dynamite n° 1) avec la nitroglycérine, la

température de détonation est abaissée de 3140° à 2900°
Cet abaissement de température diminue le danger de
l'emploi en présence du grisou ; toutefois, pour arriver à
un degré convenable de sécurité, il faudrait augmenter
beaucoup la proportion de matière inerte qui n'agit comme
réfrigérant que par sa chaleur spécifique ; on arriverait
ainsi très vite à un explosif qui, pour un effet utile donné,
aurait un volume trop considérable et trop encombrant.

2° *Explosif comburant ou combustible et non explosif décomposable par la détonation.* — On obtient un résultat plus
satisfaisant en mêlant à la nitroglycérine une substance qui peut éprouver, sous l'action de la haute température que produit la détonation, une décomposition
plus ou moins complète, absorbant de la chaleur. Cette substance peut être un sel hydraté perdant son eau plus ou moins
aisément, tel que le carbonate de soude cristallisé, le
sulfate de manganèse, l'alun. On peut aussi choisir un
sel susceptible de se décomposer sous l'influence de la
chaleur ; il sera évidemment préférable que cette décomposition donne des produits exclusivement gazeux qui
contribuent à augmenter la pression développée par la
détonation et par conséquent l'effet utile de la substance.
La Commission avait essayé le mélange du chlorhydrate
d'ammoniaque à la nitroglycérine ; ce mélange peut être
rangé dans la classe de ceux que nous étudions en ce
moment, bien que l'ammoniaque que peut produire la décomposition du chlorhydrate soit partiellement brûlé par
l'oxygène en excès de la nitroglycérine ; la quantité de
chaleur dégagée par cette réaction est, en effet, très inférieure à celle qu'absorbe la décomposition du sel.
    Tous les mélanges de cette classe ont un inconvénient
sérieux qui provient de la différence signalée plus haut
dans le mode de détonation d'un mélange binaire, suivant que cette détonation se fait à l'air libre ou en vase

clos. A l'air libre, le sel ne se décompose que fort peu, il se comporte donc, pour diminuer la température de détonation, presque comme le ferait une substance inerte, telle que la silice. Dans ces conditions pour abaisser assez la température et obtenir la sécurité, il faut donc mélanger à l'explosif une forte quantité de sel. Dans un vase clos, tel qu'un trou de mine, au contraire, le sel se décompose par la détonation, cette décomposition absorbe beaucoup de chaleur et l'effet utile de l'explosif est alors affaibli plus qu'il n'est nécessaire.

Le choix d'un sel hydraté a d'ailleurs un inconvénient particulier et d'une assez sérieuse gravité. Si, en effet, le sel employé se déshydrate à une température peu élevée, il pourra arriver que la déshydratation se produise dans les magasins où l'explosif est conservé ; l'eau, mise en liberté, se substitue, pour l'imbibition par la silice, à la nitroglycérine qui exsude à l'état liquide et rend le maniement des cartouches dangereux. C'est ce qui arrive particulièrement pour le carbonate de soude cristallisé qui perd son eau entre 34° et 35°.

Sous le nom de *Wetterdynamit (dynamite grisou)*, les mélanges de dynamite et de carbonate de soude cristallisé ont été l'objet de nombreuses recherches, l'emploi en a été recommandé par les Commissions du grisou prussienne (1) et autrichienne (2).

La Commission autrichienne a expérimenté le mélange de 66 dynamite (à 21, 3 p. % de silice) et 34 carbonate. Une charge de 100 gr. de ce mélange, posée sur le sol, n'a jamais enflammé le grisou en détonant à l'air libre. Dans les mêmes conditions, une charge de 150 gr. a produit

(1) Lohmann. — *Bericht über weitere in der Versuchstrecke zu grube König, etc.* — Zeit. für das Berg-Hutten und Salinen Wesen. B. XXXVII 1 Heft — P. 83 (1889).

(2) *Œster. Zeit. fur Berg und Hüttenwesen.* 1889. 9 Mars à 13 Avril.

l'inflammation quelquefois, et une charge de 200 gr. l'a produit chaque fois.

La Commission prussienne a expérimenté surtout le mélange contenant 60 gr. de dynamite (à 23 p. % de silice) et 40 gr. de carbonate. Une charge de 250 gr. de ce mélange placée sans bourrage, au fond d'un trou creusé dans un énorme bloc d'acier fondu, a toujours détoné sans allumer le grisou. Dans les même conditions, une charge de 450 gr. ou environ n'a enflammé qu'une fois sur trois expériences.

L'effet utile de l'explosif dans la mine a été considéré comme équivalent aux 3/2 de celui de la poudre noire. Les amorces employées contenaient 0gr54 de fulminate.

La commission autrichienne recommande de ne pas employer de la Wetterdynamit fabriquée depuis plus de 5 à 6 semaines : elle recommande, en outre, de faire dégeler les cartouches gelées en les plongeant dans de l'eau portée à 40° au plus, de manière à éviter la décomposition du sel cristallisé.

La Commission prussienne relate les faits suivants, qui sont à prendre en considération. Dans des essais faits en grand à la mine König, un lot de 1.000 kilos de Wetterdynamit contenant 40 p. % de carbonate de soude, se trouva congelé le 10 avril 1888. On dégela 75 kilos en les plongeant dans de l'eau chaude, sans s'occuper de ne pas dépasser la température de 35° ; une partie des cartouches laissèrent exsuder la nitroglycérine, en même temps qu'elles devenaient rigides. Ces cartouches durent être brûlées sur un bûcher. Le reste du lot de cartouches dégela en magasin et fut consommé au commencement de juillet.

Un second lot de 2.000 kilos fut emmagasiné le 4 juillet. Les cartouches commencèrent à la fin d'août à laisser exsuder la nitroglycérine ; 187kgs5 durent être détruits, conformément aux règlements de police des mines ;

on put éviter la destruction du reste des cartouches en les saupoudrant de Kieselguhr. On attribua ce fâcheux résultat à ce que les cartouches ne contenaient pas assez de Kieselguhr. Il nous parait vraisemblable que les cartouches avaient été exposées à une température assez grande pour qu'une partie au moins du sel fut décomposée.

On a fait aussi quelques essais en substituant le sulfate de magnésie hydraté à Mg 0, SO³ + 7aq (Bittersalz) au carbonate de soude. Ces essais sont encore très incomplets.

La Commission des substances explosives a expérimenté avec succès le mélange à parties égales de dynamite et de sulfate de soude cristallisé; de dynamite et d'alun ammoniacal, de dynamite et de chlorhydrate d'ammoniaque. Elle a même constaté que le mélange à poids égaux de dynamite et de poussière très fine de houille de Blanzy n'allume pas les mélanges grisouteux, bien que la poussière de la houille de Blanzy soit particulièrement inflammable.

3o *Explosifs tous les deux comburants ou tous les deux combustibles.* — Parmi les explosifs du premier groupe c'est à ceux de cette classe que la Commission des substances explosives, après de nombreux essais, a donné la préférence. Il est clair que dans les mines, les explosifs mélangés doivent être tous les deux comburants. L'un des explosifs doit donc être l'azotate d'ammoniaque et l'autre la nitroglycérine ou l'un de ses dérivés.

La Commission a particulièrement expérimenté les mélanges de dynamite et d'azotate, et elle a reconnu une sécurité satisfaisante aux deux mélanges faits, l'un dans la proportion de 30 de dynamite pour 70 d'azotate, l'autre dans la proportion de 20 de dynamite pour 80 d'azotate.

Le premier mélange développe, en détonant, une tem-

pérature de 1630°, le second une température de 1450°
environ. Aucun d'eux n'a allumé, même en cartouches
de 200 gr., l'atmosphère grisouteuse au milieu de laquelle
il détonait sans enveloppe.

On emploie, comme on le sait, deux moyens pour supprimer les dangers auxquels expose l'état liquide de la
nitroglycérine. L'un est d'absorber l'explosif liquide par
une matière pulvérulente et poreuse telle que la silice
des infusoires; on obtient ainsi la dynamite. L'autre
consiste à dissoudre dans la nitroglycérine de la nitrocellulose de manière à obtenir une substance gélatineuse
qui est la dynamite-gomme. Le mélange de la silice avec
la nitroglycérine abaisse la température de détonation;
le mélange du même explosif avec la nitrocellulose, si
celle-ci n'est pas en excès, augmente, au contraire, cette
température, puisque la nitrocellulose est brûlée par
l'oxygène de la nitroglycérine. Remplaçant la dynamite
par la dynamite-gomme, il faut donc, si l'on veut conser-
au mélange la même température de détonation, augmenter la proportion d'azotate d'ammoniaque. Le mélange 20 dyn. 80 azot.-amm. équivaut à peu près comme
température de détonation au mélange 15 dynamite-
gomme et 85 azotate d'ammoniaque.

Ces divers mélanges, de même que tous ceux qui contiennent de l'azotate d'ammoniaque, ont l'inconvénient de
se détériorer rapidement dans l'air humide, l'azotate d'ammoniaque absorbant aisément l'eau hygrométrique. Cette
absorption d'eau est très nuisible à la sensibilité de l'explosif dont l'aptitude à la détonation diminue beaucoup. Il
est donc très important de n'employer dans la fabrication que de l'azotate très sec et de préserver les cartouches
en les entourant d'une ou même de deux enveloppes en
papier imprégné de paraffine ou mieux de cire fondue.
L'enveloppe n'est déchirée qu'au moment de l'emploi.

Les mélanges de 30 dyn. 70 azot. et 20 dyn. 80 azot. ont été essayés avec succès dans les mines d'Anzin, de Firminy, de Blanzy et de Ronchamp.

On a trouvé dans toutes ces mines que ces deux mélanges ont une aptitude suffisante à la détonation, lorsque la capsule contient 0 gr. 50 de fulminate. Les cartouches ont pu être conservées plus d'un mois sans subir de détérioration appréciable ; et il est probable que ce temps pourrait être beaucoup prolongé.

Il est très difficile de comparer entres elles les puissances de divers explosifs. Cette puissance dépend, en effet, de l'effet utile qu'on en veut obtenir. Il n'est pas indifférent de demander à un explosif l'éclatement de la roche sans déplacement notable, ou de lui demander un travail mécanique sous forme de projection de la matière. C'est le premier effet qu'on réclame dans les mines, et il dépend surtout de la pression que l'explosif exerce, en détonant, sur les parois du trou de mine. Cette pression peut, jusqu'à un certain point, être calculée lorsqu'on connait la température de détonation et la densité de chargement (1) de l'explosif bourré dans le trou. On peut aussi comparer expérimentalement les pressions développées par les différents explosifs en faisant détoner des charges identiques dans des trous percés au milieu de blocs de plomb. Le trou se dilate et le volume de la cavité ainsi produite peut être pris comme la mesure de la pression. Par ce procédé, on a trouvé à Anzin que les forces relatives de la dynamite gomme et des deux mélanges expérimentés sont les suivantes :

Dynamite gomme	100
Dynamite nº 1	80
30/70 Dyn. Azot	55
20/80 —	52

(1) Nous rappelons qu'on appelle *densité de chargement*, le rapport du poids de l'explosif au volume dans lequel il est enfermé.

Des expériences faites dans l'abatage des rochers ont conduit aux rapports suivants, qui sont notablement différents des premiers :

Dynamite gomme	100
30/70 Dyn. Azot.	75
20/80 — —	64

Ces dernières expériences ne peuvent guère conduire à quelque chose de précis ; on ne peut, en effet, que comparer l'effet utile, c'est-à-dire le cube de rocher abattu sous des charges connues de chacun des explosifs. Mais pour que le résultat fût exact, il faudrait être sûr que, dans chaque cas, on a employé la quantité d'explosif justement suffisante pour briser la roche et l'amener à l'état de désagrégation convenable.

D'après les essais faits aux mines de Firminy, le rapport des forces explosives pourrait être ainsi évalué :

Dynamite gomme.	100
30/70 Dyn. Azot	57
20/80 — —	57
Poudre noire	26

Les essais ont presque tous été faits dans l'abatage du charbon.

A Blanzy, on a trouvé que la force explosive du mélange 30/70 dynamite azotate diffère peu de celle de la dynamite n° 1. A Ronchamp enfin, on a trouvé, dans l'abatage au rocher, les rapports suivants :

Dynamite n°1, ...	100
30/70 Dyn. Azot.	97
20/80 id	46

Le mélange 20/80 a été expérimenté dans une région où la roche était beaucoup plus dure que celle dans laquelle on avait expérimenté le mélange 30/70. Il est très vraisemblable que les charges du mélange 20/80 étaient trop faibles pour produire l'effet utile maximum.

Quoiqu'il en soit des discordances inévitables entre les nombres que nous venons de citer, ceux-ci démontrent que les deux mélanges expérimentés peuvent être employés, sans grand désavantage, partout où la dynamite est employée. Si la force explosive est un peu plus faible, le prix de l'explosif sera aussi plus faible, et la sécurité pourra être obtenue, en même temps qu'un abaissement dans le prix de revient.

La Société générale des dynamites livre à l'industrie, en ce moment, des mélanges de dynamite gomme et d'azotate dans des proportions variées. La Compagnie d'Anzin a expérimenté les mélanges contenant 12 de dynamite gomme et 88 d'azotate qu'elle a appliqués aux travaux au rocher nécessités par l'élargissement des voies creusées dans les couches.

Pour remplacer la dynamite gomme, elle emploie un mélange contenant 30 p.% de dynamite gomme et qu'elle considère comme d'un emploi très avantageux. Ce mélange, dans des trous bourrés, peut être considéré comme présentant des garanties suffisantes de sécurité pour les travaux de percement au rocher.

II. — PRODUITS DE LA DÉTONATION POUVANT RÉAGIR MUTUELLEMENT

Passons maintenant aux mélanges pour lesquels les produits de la détonation individuelle de chacune des substances mélangées peuvent réagir mutuellement.

1o *Explosif combustible et substance non explosive combustible.* — Parmi les mélanges formés d'un explosif combustible et d'une substance non explosive combustible, on peut citer ceux qui contiennent du fulmicoton et un azotate, de soude, de potasse ou de baryte.

Une poudre contenant :

Cellulose azotique	60
Azotate de baryte	30
Salpêtre	6
Gélose	3
Paraffine	1
	100

est vendue par l'administration des poudres au public, sous le nom de *poudre pyroxylée*. La Commission des substances explosives l'a essayée en la faisant détoner dans le grisou sous la forme de cartouches fortement comprimées. Les résultats ont été assez satisfaisants.

On remarquera que le mélange précédent contient moins d'azotate qu'il n'en faudrait pour brûler complétement le coton nitré. La combustion complète exigerait, en effet, si l'on n'avait que de l'azotate de baryte, 41 de coton et 59 d'azotate. Avec cette proportion des éléments, la température de détonation du mélange dépasserait 2.600°; on serait obligé, pour abaisser cette température en maintenant la combustion complète, d'augmenter beaucoup le dosage de l'azotate de baryte, mais on obtiendrait alors un mélange dont l'aptitude à la détonation serait insuffisante, l'azotate de baryte n'étant pas explosif.

Si l'on veut maintenir la règle de n'employer dans la mine que des explosifs ne dégageant pas normalement d'oxyde de carbone par la détonation, il faut donc renoncer aux mélanges du type que nous étudions en ce moment. Le prix de revient en serait d'ailleurs assez élevé.

2° *Explosif comburant et substance combustible explosive ou non.* — Si l'on veut obtenir un explosif ayant une température de détonation peu élevée, on ne peut songer à prendre la nitroglycérine pour explosif comburant puisque cette substance a déjà une température de détonation trop élevée, que la réaction mutuelle des produits de la détonation élève encore. La dynamite-gomme formée par le mélange, à combustion complète, de la nitroglycérine et du coton octonitrique, a, en effet, une température de détonation supérieure à 3.200° plus élevée que celle de la nitroglycérine. La dynamite-gomme est plus dangereuse, au point de vue du grisou, que la dynamite. La Commission des substances explosives a, en effet, constaté qu'une charge de 50 gr. de dynamite bourrée dans un tube d'étain de 25 mil. de diamètre intérieur et 40 mil. de diamètre extérieur n'enflamme pas le grisou en détonant, tandis que dans les mêmes conditions, la détonation d'une charge de 50 gr. de dynamite-gomme allume le gaz.

On ne peut donc se servir que de l'azotate d'ammoniaque comme explosif comburant. On peut employer comme substance combustible une substance non explosive, telle que la naphtaline, le goudron, etc. L'aptitude à la détonation de l'azotate d'ammoniaque étant très faible, et la réaction des produits de la détonation sur la substance mélangée ne se produisant que très partiellement, la détonation des mélanges de cette nature est nulle ou très incertaine à l'air libre.

En vase clos, la détonation de l'azotate d'ammoniaque est beaucoup plus facile, la réaction des produits de la détonation sur la substance combustible se produisant plus ou moins complètement, augmente encore cette aptitude à la détonation, et la détonation peut être suffisamment complète. La Commission des substances explosives avait essayé un mélange formé de 92 azotate d'ammoniaque et 8 naphtaline, qui avait très bien détoné dans des tubes métalliques et dans des trous faits en terre. La Commission avait donc demandé que des essais fussent faits dans les mines sur un mélange qui avait l'avantage d'être d'un maniement absolument sans danger et d'un prix extrêmement bas. Malheureusement, d'après le résultat des expériences, on a dû conclure que l'aptitude à la détonation en est insuffisante dans la pratique.

Il convient donc, pour accroître l'aptitude du mélange à la détonation, que la substance combustible soit elle-même explosive.

3° *Explosif comburant et explosif combustible.* — Les explosifs donnant naissance, en détonant, à des produits combustibles sont nombreux, comme nous l'avons déjà dit. Les principales substances essayées jusqu'ici sont :

1° Le coton nitré ;
2° La benzine nitrée ;
3° La benzine chloronitrée ;
4° La naphtaline nitrée ;
5° L'azotate cuproammonique.

La Commission des substances explosives a étudié les mélanges *d'azotate d'ammoniaque et de coton nitré.* A cause de la plus faible température de détonation et du prix moins élevé de la substance, elle s'est arrêtée, parmi toutes les variétés de coton nitré, au coton octonitrique. Restait à déterminer les proportions relatives des deux substances du mélange. La combustion complète correspond au mélange 31 coton et 69 azote ; la température de détonation est alors de 2260° environ. On abaisse cette température en augmentant la proportion d'azotate d'ammoniaque. La Commission des substances explosives a proposé l'emploi d'un mélange contenant 15 gr. de coton octonitrique et 85 gr. d'azotate d'ammoniaque.

Même avec des charges de 200 gr. détonant à l'air libre, ce mélange dont la température de détonation est de 1700° environ n'a pu enflammer les mélanges grisouteux. Il détone bien sous l'influence de capsules conte nant 1 gr. 50 de fulminate.

Des essais faits à Anzin dans des blocs de plomb, ont donné 66/100, pour le rapport de la force explosive du mélange à celle de la dynamite gomme. Dans les travaux au rocher le même rapport a été évalué à 72/100. Aucun raté n'a été constaté sur 5 k. de cartouches.

A Firminy, on a constaté un raté sur 34 coups.

A Ronchamp, bien que les expériences aient été faites à la fin de novembre sur des cartouches préparées en août, on n'a pas eu de ratés. Le rapport de la force explosive à celle de la dynamite n° 1 a été trouvé, dans des travaux au rocher, égale à 79/100.

A Blanzy, on a signalé d'assez nombreux ratés, ce qui paraît en désaccord avec les essais faits dans les autres mines.

La poudrerie de Sevran Livry a envoyé récemment, dans diverses mines, des cartouches contenant un mélange de 10 coton et 90 azotate. On ne connaît encore que les résultats des essais faits à Anzin. L'explosif, dont la température de détonation est de 1.560° environ, s'est bien comporté, et la force explosive en a paru égale à celle de la dynamite n° 1.

M. Favier a proposé dans ces dernières années, de mélanger à l'azotate d'ammoniaque diverses substances explosives (1) nitrées, telles que la mononitro-naphtaline. M. Lamm a particulièrement recommandé la binitro-benzine, et il a nommé *bellite* un mélange de ce corps nitré avec l'azotate d'ammoniaque.

Ces deux inventeurs dosaient d'ailleurs leurs mé-

(1) Nous rappelons que nous entendons par ce mot des substances explosives en théorie, c'est-à-dire susceptibles théoriquement de se décomposer avec dégagement de chaleur, qu'on puisse ou non provoquer effectivement cette décomposition par le choc d'une capsule détonante.

langes de manière à obtenir le maximum d'effet utile, c'est-à-dire de manière à produire la combustion complète des produits de la détonation. Dans ces conditions, la température de détonation est supérieure à 2000°. Pour obtenir la sécurité nécessaire dans les mines à grisou, il convient d'augmenter la proportion d'azotate d'ammoniaque.

Lorsqu'on mélange à l'azotate la *mononitronaphtaline*, le mélange à combustion complète contient 9,15 de cette substance et 90,85 d'azotate. La température de détonation est de 2120° environ. L'aptitude à la détonation est faible et la substance ne détone pas à l'air libre. Lorsqu'on augmente cette proportion d'azotate, déjà si considérable, l'aptitude à la détonation est encore diminuée. Il semble donc préférable de remplacer la mononitronaphtaline par la *binitrobenzine*.

Cette substance fond avant l'azotate d'ammoniaque et il est possible de préparer le mélange, de manière que les grains d'azotate soient en quelque sorte enrobées par la binitrobenzine. Il en résulte que le produit résiste beaucoup mieux à l'influence de l'humidité atmosphérique.

La combustion complète exige 12,5 de binitrobenzine pour 87,5 d'azotate. La Commission des substances explosives a essayé un mélange contenant 10 gr. de binitrobenzine et 90 gr. d'azotate. La température de détonation est de 1900° environ ; elle est encore très élevée, mais il serait difficile de l'abaisser beaucoup plus ,car l'aptitude à la détonation deviendrait trop faible. Cependant, sur trois cartouches de 200 gr. détonant sans enveloppe au milieu d'une atmosphère grisouteuse, une seulement a produit l'inflammation du gaz. Ce mélange détone bien sous l'influence d'une capsule contenant 1 gr. 50 de fulminate.

Le mélange 10 binitrobenzine — 90 azotate ammon ia

cal, a été essayé dans les mêmes mines qui avaient bien voulu expérimenter les précédents.

A Anzin, on a trouvé, dans des blocs de plomb, le rapport de la force explosive du mélange à celle de la dynamite gomme égal à 68/100. Dans l'abatage du rocher, le même rapport a été évalué à 80/100. On a été particulièrement satisfait des effets explosifs de cette matière qui a une densité plus grande que celle des autres mélanges essayés, et qui, occupant moins de place dans le trou, peut être employé en charges plus considérables. Sur 5 kilos d'explosif on n'a eu qu'un raté.

Avec la même quantité de substance, on a eu 2 ratés à Firminy.

A Ronchamp, on n'a pas signalé de ratés.

A Blanzy, les ratés ont été plus nombreux. On ne peut guère s'expliquer des résultats si discordants, quant à ce qui regarde l'aptitude à la détonation, qu'en admettant quelques différences dans le mode d'emploi, ou quelques imperfections dans une fabrication qui n'était guère qu'une fabrication de laboratoire. Il est très vraisemblable que les résultats seront meilleurs lorsqu'on aura affaire à une fabrication réellement industrielle.

La Commission a aussi essayé des mélanges dans lesquels la substance mélangée à l'azotate d'ammoniaque était *l'azotate cuproammonique*

$$Az^2 O^5, Cu O, 4 Az H^3 = 256^g.5$$

qu'on obtient aisément en beaux cristaux bleu indigo lorsqu'on évapore à sec une dissolution d'azotate de cuivre saturée par l'ammoniaque. La combustion complète exige 76 p.% de sel cuivrique et 24 p. % d'azotate d'ammoniaque, ce mélange donne, en détonant, une température de 1750° environ. La sécurité qu'il procure dans le grisou et l'aptitude à la détonation sont satisfaisantes, mais les gaz que produit la détonation sont désagréables, ainsi que l'ont constaté les expériences faites dans les mines; en outre, l'oxyde de cuivre contenu dans ces gaz pourrait être nuisible à la santé des ouvriers. Il ne semble donc pas qu'il y ait lieu d'adopter ce mélange explosif dont le prix serait d'ailleurs relativement élevé.

On a proposé sous le nom de *Roburite* un mélange explosif formé par le mélange, avec l'azotate d'ammoniaque, de la chlorobinitrobenzine, $C^6 H^3 Cl (Az O^2)^2$. Le mélange à combustion complète correspond à 21, 8 de la substance organique et 78, 2 d'azotate d'ammoniaque. La température de détonation ne peut être calculée parce qu'on n'a pas encore mesuré la chaleur de formation de la chlorobinitrobenzine. Des essais ont été faits sur des cartouches transmises à la Commission comme ayant la composition répondant à la combustion complète. Une cartouche de 170 gr. détonant sans enveloppe dans le grisou, l'a allumé. Pour obtenir une cartouche de 200 gr. n'allumant pas le grisou dans ces conditions, il a fallu mélanger 23 p. % de la substance des cartouches avec 77 p. % d'azotate d'ammoniaque, ce qui correspondait à 5 p. % de chlorobinitrobenzine et 95 p. % d'azotate d'ammoniaque. Le mélange ainsi obtenu détone encore très bien sans enveloppe, sous l'influence d'une capsule contenant 1 gr. 5 de fulminate. La chlorobinitrobenzine peut donc former avec l'azotate d'ammoniaque des mélanges dont la sécurité est satisfaisante lorsque la proportion des substances mélangées est convenable, et l'aptitude de ces mélanges à la détonation les rend dignes d'attention.

Il nous semble peu utile d'examiner les nombreux explosifs auxquels on a imposé des noms fantaisistes et dont la composition est peu ou point connue. Cette incertitude sur un point capital enlève toute valeur aux expériences dont ces explosifs ont été l'objet, et qui se trouvent ainsi n'avoir point d'objet précis et défini. Le degré de sécurité que peut procurer un explosif dépend de sa composition centésimale. Il est extrêmement désirable que, tout en laissant aux inventeurs et aux fabricants le loisir d'imposer à leur produits des dénominations plus ou moins étranges, les exploitants de mines exigent impérieusement que les cartouches qui leur sont livrées portent explicitement la nature et le dosage des substances dont elles sont formées. Le progrès est à ce prix, car avec les fâcheux errements actuels, on ne peut profiter de l'expérience acquise, puisqu'on n'est jamais certain de la nature du produit auquel l'expérience se rapporte.

Résumé. — En résumé, la Commission des substances explosives paraît avoir fixé la théorie des explosifs susceptibles de garantir la sécurité dans les mines à grisou. Rien n'est plus aisé maintenant que de fixer *a priori*, et avec une approximation suffisante, le degré de sécurité d'un explosif dont la composition est donnée. Des mélanges sont déjà connus qui paraissent répondre aux vœux des mineurs ; parmi eux on peut citer :

1° Les mélanges de dynamite n° 1 et d'azotate d'ammoniaque, dans lesquels la proportion de dynamite ne dépasse pas 40 p. %;

2° Les mélanges de dynamites-gomme et d'azotate d'ammoniaque dans lesquels les proportions de dynamite-gomme ne dépassent pas 30 p. %;

3° Les mélanges de coton poudre octonitrique et d'azotate d'ammoniaque dans lesquels la proportion de coton poudre ne dépasse pas 20 p. %;

4° Les mélanges de binitrobenzine et d'azotate d'ammoniaque dans lesquels la proportion de binitrobenzine ne dépasse pas 10 p. %:

Avec les proportions maxima qui viennent d'être indiquées, la température de détonation ne dépasse pas

1900 ; la force explosive n'est pas notablement inférieure à celle de la dynamite gomme.

La sécurité procurée pas ces nouveaux explosifs ne peut pas d'ailleurs être considérée comme absolue, et il est important de remarquer qu'elle est plus grande avec une charge plus faible et avec un bourrage plus soigné. Il restera donc nécessaire de conserver les mesures de précautions usitées depuis longtemps dans les mines à grisou, et notamment de constater, avant de tirer le coup de mine, l'absence du grisou dans le chantier. Il conviendra aussi de bourrer l'explosif avec soin et d'éviter la production des coups débourrants.

D'un autre côté, le degré de sécurité étant d'autant plus grand que la température de détonation de l'explosif est moins élevée, il conviendrait de faire usage de deux espèces d'explosifs.

L'une, dont la température de détonation pourrait atteindre 1.900°, serait réservée aux travaux de percement des galeries à travers-bancs, dans lesquels le danger est moins grand et le besoin d'un explosif énergique plus impérieux.

L'autre espèce d'explosifs, dont la température de détonation ne dépasserait pas 1.500°, serait exclusivement employée pour les travaux dans la couche, où le danger est plus grand et où le besoin d'un explosif énergique se fait beaucoup moins sentir. La proportion de dynamite, mélangée à l'azotate ne devrait pas, pour cette catégorie d'explosif, dépasser 20 p. %, celle de dynamite-gomme 12 p. %, celle de coton-poudre 10 p. %. La force explosive des mélanges formés avec ces proportions maxima ne serait pas notablement inférieure à celle de la dynamite n° 1.

CHAPITRE III

Des modes de bourrage.

Les heureux résultats obtenus en cherchant à assurer la sécurité des mines à grisou par une composition convenable de l'explosif, enlèvent beaucoup d'intérêt aux nombreuses tentatives faites pour arriver au même résultat, sans modifier l'explosif, par un mode particulier de bourrage. Nous en dirons cependant quelques mots.

On a déjà vu que le mode spécial de déflagration de la poudre noire ne permet pas d'espérer, quelle que soit la nature du bourrage, que l'on puisse arriver à conjurer les dangers que fait courir cette déflagration dans une atmosphère grisouteuse. L'expérience a, sur ce point, devancé les explications théoriques.

Avec des explosifs, que parcourt l'onde explosive lorsque la détonation normale est obtenue, nous avons montré plus haut que le bourrage est loin d'être sans influence. La théorie et l'expérience sont d'accord pour montrer que, toutes choses égales, l'inflammation du grisou par les gaz provenant de la détonation est d'autant plus facile que le bourrage est plus parfait, qu'il reste moins de vide autour de l'explosif ou, suivant l'expression adoptée, que la *densité de chargement* est plus grande. Il importe donc que la cartouche soit bien enfoncée au fond du trou, et il sera bon que ce fond soit garni d'une matière plastique telle que de l'argile un peu humide. Il y aura aussi avantage à ce que les premiers éléments de bourrage soient plastiques de manière à pouvoir pénétrer dans le vide laissé entre les parois et la cartouche.

On a attaché une grande importance à ce que la cartouche soit complètement enveloppée d'eau, et on a imaginé à cet effet diverses dispositions connues sous le nom de cartouches de sûreté. D'après ce que nous avons dit plus haut, on doit s'attendre à ce que l'eau ne se comporte, au moins à très peu près, que comme un corps massif quelconque, puisque l'extrême rapidité de la détonation ne permet pas à l'eau de se volatiliser en temps utile, du moins en quantité notable.

Pour constituer des cartouches de sûreté, on a proposé de placer la cartouche explosive, maintenue par un cadre en fil de fer, au milieu d'un sac en papier imperméable. Dans les cartouches Settle, le sac est rempli d'eau ; dans les cartouches Heath and Frost, il est rempli par une matière gélatineuse qui joue le même rôle. La Commission des substances explosives a constaté qu'une cartouche Settle, détonant au milieu d'une atmosphère grisouteuse, peut enflammer celle-ci. Les cartouches de cette nature exigent d'ailleurs une augmentation considérable du diamètre du trou de mine, augmentation incommode dans la houille, presque impossible à admettre dans le rocher.

Pour éviter ce grave inconvénient on a eu l'idée de placer au-dessus et au-dessous de la cartouche, dans des trous de diamètre ordinaire, des bourres composées d'une matière imbibée d'une quantité d'eau considérable. M. Galloway avait proposé de la mousse humide ; MM. Chalon et Guérin emploient de la *gélosine*, matière gélatineuse contenant jusqu'à 98 p. % d'eau. Cette matière est moulée en cylindres ayant le diamètre du trou, et conservée dans l'eau jusqu'au moment même de l'emploi. Les bourres Chalon-Guérin ont évidemment l'avantage, à cause de leur plasticité, de procurer un bourrage très satisfaisant ; mais le degré de sécurité qu'elles procurent ne dépasse guère celui que l'on peut obtenir avec un bourrage d'argile. Dans des expériences faites à Anzin sur des coups débourrants, on a constaté que la flamme produite par la détonation était à peu près la même, que le bourrage fût fait avec de l'argile plastique ou avec des bourres Chalon-Guérin. La complication qu'entraîne l'emploi de ce mode de bourrage ne paraît donc guère être justifiée par l'augmentation de sécurité qu'il procure.

CHAPITRE IV

Du mode d'allumage.

Le mode d'allumage des coups de mine a une importance considérable au point de vue de la sécurité dans les mines à grisou. Cette question est cependant encore imparfaitement élucidée.

L'emploi de la poudre de mine paraissant devoir être décidément abandonné d'une façon complète, il est nécessaire que la détonation de l'explosif soit provoquée par une capsule suffisamment énergique. Si l'on emploie la mèche de sûreté, le bout qui plonge dans l'explosif sera coiffé par la capsule. Il est important que la capsule seule soit en contact avec l'explosif. La Commission des substances explosives a constaté que lorsqu'une portion de la mèche est en contact avec la dynamite, par exemple, celle-ci peut s'enflammer sans détoner lorsque le feu transmis par la mèche vient à l'atteindre. La dynamite brûle alors à la façon ordinaire jusqu'à ce que la détonation de la capsule vienne à se produire ; or tant que la dynamite déflagre, elle se comporte comme la poudre noire et présente les mêmes dangers.

Outre cet inconvénient, la mèche de sûreté en présente encore d'autres ; elle doit, en effet, être allumée à son extrémité libre et elle brûle pendant un temps assez long au milieu de l'atmosphère de la galerie.

L'allumage du grisou par la mèche, pendant que le feu la traverse, peut être évité par une fabrication soignée. La Commission des substances explosives a constaté que la combustion de la mèche Bickford peut se produire au milieu d'un mélange grisouteux sans l'enflammer, si la mèche est sans défauts. Toutefois, il est dangereux de faire reposer la sécurité sur la perfection d'une fabrication difficile à contrôler. Il semble assez aisé de modifier la mèche de sûreté actuellement employée, de manière à faire presque absolument disparaître cette cause de danger. Des expériences se poursuivent en ce moment, à Anzin, dans cette direction, et on peut espérer qu'elles seront couronnées de succès.

Quant à la nécessité d'enflammer l'extrémité libre de la mèche, et au danger auquel on est exposé de ce fait, MM. Heath et Frost en Angleterre (1) proposent d'y remédier au moyen d'une lampe de sûreté d'une construction spéciale.

Un tube pénètre dans la lampe, parallèlement à sa hauteur et par sa partie inférieure ; il porte, près de son

(1) Les lampes Heath and Frost sont vendues par « The Gelatinous Cartridge and Safety lamp Co-Lim. — Cobridge — Burslem — (Angleterre).

extrémité supérieure, qui est fermée, deux trous latéraux obturés dans l'usage ordinaire par une petite broche en fer. Lorsqu'on veut allumer le coup de mine, on enfonce dans le tube la mèche qui l'obture exactement, et on la pousse jusqu'à ce que l'extrémité vienne buter contre la broche. On fait sortir alors celle-ci des deux trous, au moyen d'un petit levier spécial, et on la fait rougir dans la flamme de la lampe. Lorsqu'elle est rouge, on l'engage de nouveau dans les deux trous du tube, elle vient en contact avec la mèche qu'elle enflamme. Cette lampe a é é récemment essayée à Anzin et y a donné d'assez bons résultats.

Il semble toutefois qu'on réaliserait un progrès en supprimant l'emploi de la mèche de sûreté. On a préconisé en Autriche, il y a deux ou trois ans, l'emploi d'amorces de friction, semblables à celles dont se servent les artilleurs pour le tirage des canons, et adaptées à l'usage des mines par un lieutenant-colonel du génie autrichien, M. Lauer (1).

L'amorce enfoncée dans la cartouche est amenée à la détonation par le frottement, sur le fulminate, de griffes métalliques qu'on met en mouvement par un fil de laiton renfermé dans un petit tube logé au milieu du bourrage. Ce fil est attaché à une corde assez longue pour que l'ouvrier qui la tire soit en sûreté.

Ce système d'amorce est employé exclusivement depuis deux ans par M. l'ingénieur en chef Mayer dans la mine de houille qu'il dirige dans la Silésie autrichienne et il s'en déclare satisfait. Les ratés, nombreux au début, par suite d'une fabrication imparfaite, sont devenus très rares, et les accidents, dus en partie à l'inexpérience des ouvriers, ont été très peu graves.

(1) Les amorces Lauer sont fabriquées par Ed. F. Csànk à Vienne (Autriche) II. Taborstrasse 17.

M. François, ingénieur en chef des mines d'Anzin, a fait aussi des expériences suivies sur ces amorces, et a été satisfait de leur emploi. Il nous a d'ailleurs fait connaître que des amorces analogues avaient été, il y a une vingtaine d'années, employées dans une des mines du Nord, et qu'on y avait renoncé à la suite de la mort d'un ouvrier qui, en tombant, avait exercé une traction sur la corde et amené prématurément la détonation de la cartouche.

L'allumage des coups de mine par l'électricité paraît, au premier abord, réaliser tous les avantages désirables. Beaucoup d'appareils ont été proposés, et quelques uns sont déjà appliqués sur une certaine échelle. Dans les mines à grisou, on doit proscrire les appareils donnant des étincelles au moment de leur emploi, car ces étincelles enflamment avec facilité les mélanges grisouteux. On doit donc rejeter l'emploi des roues Bornhardt, des bobines d'induction, et même des coups de poing un peu énergiques.

On est ainsi amené à recourir à l'emploi des courants faisant rougir un fil métallique en relation avec la capsule. Quant à la façon de produire le courant, on peut avoir recours aux piles ou aux dynamos. Les piles sont, dans les mines, d'un emploi fort incommode ; les dynamos paraissent beaucoup plus pratiques ; on peut en fabriquer qui sont mis aisément en mouvement à la main. Ces appareils ne donnent pas ordinairement d'étincelles, il est cependant bon, par mesure de précaution, de les enfermer dans une boîte protégée par des toiles métalliques.

Il faut remarquer que si l'on tourne l'appareil trop lentement, de manière à produire un courant faible trop prolongé, il peut arriver, si le fil métallique est entouré de fulmicoton, que celui-ci se décompose sans entraîner l'inflammation du pulvérin et la détonation de l'amorce; il se produit un raté. Il est donc nécessaire de supprimer l'emploi du fulmi-coton et d'envelopper directement le fil métallique par le pulvérin, ce qui exige, pour l'inflammation, un courant plus intense.

On sait que l'un des avantages de l'emploi de l'électricité pour le tirage des coups de mine est de pouvoir faire partir simultanément un certain nombre de coups. On peut placer chacun des coups dans un circuit dérivé; il faut alors que la résistance de chaque dérivation soit très sensiblement égale pour que la simultanéité se produise, et cette condition est assez difficile à remplir.

On peut aussi placer tous les coups sur le même circuit, mais il faut alors que le courant se produise immédiatement avec une grande énergie, sans quoi le premier coup qui partirait couperait le circuit et empêcherait la détonation des autres. MM. Manet frères ont récemment proposé pour surmonter cette difficulté, une dynamo d'une disposition ingénieuse. Les pièces sont mises en mouvement rapide, avant que le circuit soit fermé; la fermeture se produit seulement lorsque la vitesse de rotation a atteint une valeur déterminée; il se produit alors instantanément un courant intense susceptible de rougir à la fois tous les fils fins métalliques placés dans le circuit.

Saint-Etienne. — Imp. Théolier et Cie, 12, rue Gérentet.